15 minutes maxi !

Bérengère Abraham
Photographies de Fabrice Besse

Albums
LAROUSSE

Sommaire

PRÉPARATION : 15 MINUTES MAXI !

55
0
50
45
5
40
10
35
15
25
20

Cuistot rapido !

Cuisiner, un jeu d'enfant ? Pas tout le temps ! Cuisiner est un souci quotidien pour beaucoup d'entre nous. Avec des journées bien remplies et les nombreuses propositions alléchantes de plats préparés, il est tentant de délaisser cocottes et cuillères en bois pour une alimentation nettement moins équilibrée… Et pourtant, il est facile et possible de préparer de délicieux plats bluffants sans y passer la journée… et sans stresser ! Soirs de semaine en famille, invités surprises ou dîners improvisés, ne soyez jamais pris de court.

Être efficace et bien organisé : voilà la clé pour réussir des repas simples mais néanmoins savoureux ! N'hésitez donc pas à préparer des plats à l'avance et à les réchauffer le moment venu. Vous pouvez aussi opter pour des plats mijotés : rapides à préparer, ces plats cuisent ensuite tout seuls dans votre cocotte préférée !

La clé du succès réside également dans le choix des produits : c'est avec de bons ingrédients que vous obtiendrez les mets les plus savoureux. Choisissez des produits frais si vous le pouvez, des poissons ou encore de la viande tendre. Cuisinez les fruits et les légumes de saison et prenez le temps de flâner dans les allées des marchés.

Voici donc 30 recettes dédiées aux plus pressés. Qu'elles prennent 5, 10 ou 15 minutes de temps de préparation, ces recettes sont faciles et délicieuses, pour la cuisine du quotidien, mais aussi pour vos dîners improvisés... N'hésitez donc pas à les décliner selon vos envies et votre imagination !

Simple et tout en délicatesse, ce plat se sert de préférence en hiver.

Ravioles du Dauphiné en bouillon

PRÉPARATION : 5 MIN
CUISSON : 15 MIN

POUR 4 PERSONNES

> 6 plaques de ravioles du Dauphiné
> 1 cube de bouillon de légumes
> 3 carottes
> 2 carottes jaunes
> 100 g de mesclun
> 2 cuill. à soupe d'huile d'olive
> 30 g de pecorino au poivre
> 1 petit bouquet de ciboulette
> sel et poivre

Farinez très légèrement les plaques de ravioles et détachez celles-ci les unes des autres.

Faites chauffer de l'eau avec le cube de bouillon et portez à ébullition pendant 5 minutes. Pendant ce temps, pelez les carottes et coupez-les en rondelles. Ajoutez-les au bouillon et laissez-les cuire 10 minutes environ jusqu'à ce qu'elles soient tendres.

Lavez le mesclun, assaisonnez-le avec l'huile d'olive, salez, poivrez, puis ajoutez quelques fines tranches de pecorino.

Servez les carottes au bouillon dans des bols individuels, puis répartissez les ravioles dans chaque bol. Salez, poivrez, parsemez de ciboulette ciselée, puis laissez reposer 2 ou 3 minutes avant de déguster, afin que les ravioles s'imbibent de bouillon.

Variante. Faites cuire les ravioles 2 minutes dans une casserole d'eau salée et servez-les à part avec un filet de crème liquide.

Rien de plus rapide pour les cuisiniers pressés qu'un plat de pâtes ! N'hésitez pas à ajouter de la menthe dans la sauce ou encore des amandes ou des noisettes concassées.

Tagliatelles à la pistache et aux petits pois

PRÉPARATION : 5 MIN

CUISSON : 15 MIN

POUR 4 PERSONNES

> 400 g de tagliatelles
> 150 g de petits pois écossés
> 1 oignon
> 3 cuill. à soupe d'huile d'olive
> 40 g de pistaches vertes non salées, mondées et concassées
> 20 cl de crème liquide
> sel et poivre

Faites chauffer deux casseroles d'eau salée. Faites cuire les tagliatelles al dente dans l'une d'elles, pendant 8 minutes.

Pendant ce temps, faites cuire les petits pois dans la seconde casserole, pendant 5 minutes. Égouttez-les, passez-les sous l'eau froide et réservez-les.

Pelez puis émincez l'oignon et faites-le revenir dans une casserole avec 1 cuillerée à soupe d'huile d'olive. Ajoutez alors les pistaches concassées et faites-les revenir avec l'oignon. Versez la crème et laissez le tout réduire à feu doux pendant 4 minutes. Ajoutez les petits pois dans la casserole.

Lorsque les pâtes sont cuites, égouttez-les, puis ajoutez-les dans la casserole avec la crème aux pistaches et les petits pois.

Mélangez bien le tout, salez, poivrez puis servez bien chaud avec le restant d'huile d'olive.

Proposez ce plat délicat et familial pour les grandes comme pour les petites faims.

Flan familial de carottes à l'orange

PRÉPARATION : 5 MIN

CUISSON : 40 MIN

POUR 4 PERSONNES

> 4 carottes
> 4 œufs
> 10 cl de lait
> 20 cl de crème liquide
> le zeste finement râpé et le jus de 1 grosse orange non traitée
> 1 cuill. à soupe d'huile d'olive
> sel et poivre

Préchauffez le four à 180 °C (therm. 6).

Lavez les carottes, épluchez-les, puis râpez-les.

Dans un saladier, fouettez les œufs avec le lait et la crème liquide. Salez, poivrez, puis ajoutez les carottes râpées ainsi que le zeste et le jus d'orange.

Huilez un plat allant au four, puis versez la préparation. Enfournez pour 40 minutes environ jusqu'à ce que le dessus du flan soit bien doré.

Accompagnement. Vous pouvez servir ce flan de carottes à l'orange avec quelques tranches de viande des Grisons préalablement marinées dans du jus de citron et de l'huile d'olive.

Conseil. Ce flan sera encore délicieux froid consommé le lendemain !

Les œufs brouillés sont assez délicats à réaliser, car ils ne doivent pas trop cuire afin de rester crémeux. Il est primordial de les déguster dans l'instant afin qu'ils ne durcissent pas. Mais une fois leur cuisson maîtrisée, ils seront un vrai régal pour vos repas sur le pouce !

Œufs brouillés aux asperges et chiffonnade de jambon sec

PRÉPARATION : 5 MIN

CUISSON : 15 MIN

POUR 4 PERSONNES

> 1 botte d'asperges vertes
> 8 œufs
> 8 tranches de chiffonnade de jambon de Bayonne
> 10 cl de crème liquide
> sel et poivre

Faites chauffer deux casseroles d'eau.

Pelez les asperges et plongez-les dans la première casserole d'eau bouillante. Laissez-les cuire 10 minutes, égouttez-les, passez-les sous l'eau froide. Coupez-les en tronçons de 1/2 cm.

Dans un cul-de-poule, fouettez les œufs puis placez le récipient sur la deuxième casserole d'eau tiède, pour une cuisson au bain-marie. Fouettez les œufs sans discontinuer jusqu'à ce qu'ils soient cuits et qu'ils aient une consistance crémeuse.

Salez, poivrez, ajoutez les tronçons d'asperges et un filet de crème liquide. Servez immédiatement, accompagné de tranches de chiffonnade.

Dans cette recette, le poulet est sauté à la poêle. Pour une recette plus légère, vous pouvez réaliser la cuisson des aiguillettes de poulet à la vapeur, tout en utilisant la même marinade.

Poulet sauté à la citronnelle et salade de quinoa aux fruits secs

PRÉPARATION : 5 MIN

MARINADE : 1 H

CUISSON : 25 MIN

POUR 4 PERSONNES

> 600 g d'aiguillettes de poulet
> 1 bâton de citronnelle
> le jus de 2 citrons
> 4 cuill. à soupe d'huile d'olive
> 150 g de quinoa
> 10 abricots moelleux
> 30 g de raisins secs
> 40 g de noisettes concassées
> 1 cuill. à soupe d'huile de noix
> 50 g de pousses d'épinards
> sel et poivre

Placez les aiguillettes de poulet dans un plat creux. Retirez les premières feuilles du bâton de citronnelle et détaillez-le en très fins tronçons. Ajoutez-les au poulet avec le jus d'un des citrons et 3 cuillerées à soupe d'huile d'olive. Placez le tout au réfrigérateur pendant au moins 1 heure.

Faites chauffer un grand volume d'eau salée, rincez le quinoa, puis faites-le cuire dans l'eau bouillante pendant 15 minutes environ. Égouttez-le, passez-le sous l'eau froide, puis réservez.

Détaillez les abricots en petits morceaux, puis ajoutez-les au quinoa avec les raisins secs et les noisettes concassées ; versez le jus de citron restant, le reste d'huile d'olive, l'huile de noix et enfin salez et poivrez. Réservez cette salade au frais.

Faites chauffer une grande sauteuse, puis placez-y le poulet avec sa marinade. Faites cuire les aiguillettes 5 minutes de chaque côté, salez, poivrez. Servez-les bien chaudes accompagnées de quelques pousses d'épinards et de la salade de quinoa.

Le satay est une délicieuse façon d'assaisonner la viande, très populaire en Indonésie et en Malaisie. Il est toujours composé de curcuma, qui donne une jolie couleur à la viande, mais aussi de différentes épices, selon les recettes.

Brochettes de bœuf satay

PRÉPARATION : 5 MIN

MARINADE : 3 H

CUISSON : 20 MIN

POUR 4 PERSONNES

Pour la marinade

> 600 g de cubes de bœuf
> 10 g de cassonade
> 1 cuill. à soupe de sauce soja
> le jus de 1 citron vert
> 5 cl d'huile de sésame
> 1/2 bouquet de coriandre
> 1 cuill. à café de piment en poudre
> 3 cm de gingembre frais haché
> 2 gousses d'ail
> 10 g de curry en poudre
> 1 cuill. à soupe de curcuma

Pour la sauce

> 25 cl de lait de coco
> 1 petit oignon émincé
> 3 cuill. à soupe de beurre de cacahuète
> 1 cuill. à soupe de cacahuètes concassées
> 1/2 cuill. à café de piment en poudre
> 1 cuill. à soupe de sauce soja

Préparez la marinade : dans un saladier, placez les cubes de bœuf, ajoutez la cassonade, la sauce soja, le jus de citron vert, l'huile de sésame, la coriandre, le piment, le gingembre, l'ail écrasé, le curry et le curcuma. Mélangez le tout. Laissez mariner pendant au moins 3 heures au réfrigérateur.

Préparez la sauce : mélangez tous les ingrédients et placez à feu doux jusqu'à ébullition.

Préchauffez le four à 180 °C (therm. 6).

Formez des brochettes avec les cubes de bœuf mariné, puis disposez-les sur un plat allant au four. Nappez les brochettes de sauce et enfournez de 10 à 15 minutes.

Accompagnement. Proposez ces brochettes avec du riz thaï assaisonné d'un peu de cardamome en poudre.

Variante. Ajoutez quelques légumes de saison sur les brochettes, en les intercalant avec les morceaux de bœuf.

Plein de protéines, léger et frais, le cabillaud est facile à cuisiner et généralement apprécié de tous.

Cabillaud vapeur épicé et salade de pousses d'épinards

PRÉPARATION : 5 MIN
CUISSON : 20 MIN

POUR 4 PERSONNES

> 4 pavés de cabillaud
> 2 cuill. à café de cinq-épices
> 150 g de pousses d'épinards
> 3 cuill. à soupe d'huile d'olive
> sel et poivre

Placez les pavés de cabillaud dans le panier d'un cuit-vapeur puis parsemez de cinq-épices. Faites cuire pendant 20 minutes.

Pendant ce temps, lavez les pousses d'épinards et placez-les dans un saladier, ajoutez l'huile d'olive, salez, poivrez, puis réservez.

Lorsque le cabillaud est cuit, servez-le accompagné de la salade de pousses d'épinards.

Accompagnement. Cuisinez un peu de riz basmati et assaisonnez d'un filet d'huile d'olive et de quelques baies roses.

Variante. Si vous avez un peu plus de temps, préparez un petit beurre citronné pour accompagner le poisson. Faites chauffer le jus de 1 citron et ajoutez 30 g de beurre, sans cesser de fouetter jusqu'à ce que l'ensemble soit bien mousseux.

Voici une façon traditionnelle de cuire le poisson, mais toujours réussie ! Pour plus de saveurs, glissez un bouquet d'herbes fraîches à travers les ouïes du poisson ou bien parfumez la croûte de sel avec des graines d'anis vert, de fenouil ou encore de cumin.

Bar en croûte de sel

PRÉPARATION : 5 MIN

REPOS 10 MIN

CUISSON : 20 MIN

POUR 4 PERSONNES

> 1 bar de 1,5 kg environ
> 3 blancs d'œufs
> 2 kg de sel gris
> 200 g de pois gourmands
> 1/2 bouquet de menthe fraîche
> 3 cuill. à soupe d'huile d'olive
> sel et poivre

Préchauffez le four à 180 °C (therm. 6).

Demandez à votre poissonnier de vider le bar par les ouïes pour ne pas avoir à l'ouvrir, mais ne le faites pas écailler.

Mélangez les blancs d'œufs avec le sel gris. Formez une couche de sel gris de 1 cm environ dans le fond d'un plat. Placez le bar sur la couche de sel puis recouvrez-le avec le reste de sel pour former une belle croûte. Enfournez et laissez cuire 20 minutes.

Pendant ce temps, faites chauffer une grande casserole d'eau salée ; faites cuire les pois gourmands pendant 10 minutes environ (ils doivent être cuits mais encore verts). Égouttez-les et passez-les sous l'eau froide.

Lavez la menthe, puis ciselez-la. Placez les pois gourmands dans un saladier, puis assaisonnez avec l'huile d'olive. Ajoutez la menthe ciselée, salez et poivrez.

Sortez le bar du four. Laissez reposer 10 minutes avant de casser la croûte de sel et de servir le poisson, accompagné des pois gourmands.

Simple à réaliser, mais aussi complète et gourmande, cette tarte peut se décliner à l'infini : variez les légumes et les poissons, en choisissant par exemple des anchois frais ou des petits maquereaux.

Grande tarte fine fenouil-sardines

PRÉPARATION : 5 MIN

CUISSON : 15 MIN

POUR 4 PERSONNES

> 1 pâte brisée prête à l'emploi
> 75 g de fromage frais à tartiner
> 25 g de crème fraîche
> 1 bulbe de fenouil
> 1 gros oignon
> 150 g de tomates cerises
> 12 sardines moyennes vidées, écaillées et étêtées
> 2 cuill. à soupe d'huile d'olive
> sel et poivre

Préchauffez le four à 210 °C (therm. 7).

Étalez la pâte brisée sur une plaque de cuisson.

Dans un bol, mélangez le fromage frais avec la crème fraîche. Salez, poivrez, puis étalez cette préparation sur le fond de tarte.

Coupez le fenouil en tranches très fines, pelez l'oignon et émincez-le finement. Lavez les tomates cerises et séchez-les.

Disposez les tranches de fenouil et d'oignon sur le mélange crème-fromage, répartissez les tomates cerises, les sardines, salez, poivrez, puis arrosez d'huile d'olive.

Enfournez et laissez cuire pendant 15 minutes environ, jusqu'à ce que la pâte soit bien dorée.

Prévoyez un paquet de gambas surgelées dans votre congélateur : très faciles à décongeler et rapides à cuisiner, elles sont toujours appréciées.

Gambas poêlées aux tomates cerises et pignons

PRÉPARATION: 5 MIN

CUISSON : 15 MIN

POUR 4 PERSONNES

> 300 g de tomates cerises
> 1 oignon
> 2 cuill. à soupe d'huile d'olive
> 20 queues de gambas crues
> 45 g de pignons
> 1 belle pincée de piment d'Espelette
> sel et poivre

Lavez les tomates cerises, épongez-les et coupez-les en deux. Pelez l'oignon et émincez-le finement.

Dans une sauteuse, chauffez l'huile d'olive et faites blondir l'oignon émincé. Ajoutez les tomates cerises, faites-les revenir rapidement. Mettez les gambas dans la sauteuse et faites revenir le tout en mélangeant fréquemment, jusqu'à ce que les gambas soient bien orangées et donc bien cuites.

Dans une poêle, faites dorer les pignons à sec, puis réservez.

Salez, poivrez, puis ajoutez le piment d'Espelette sur les gambas, parsemez de pignons grillés. Servez bien chaud.

Variante. Vous pouvez également ajouter quelques feuilles de basilic frais.

Conseil. Si vous avez du temps devant vous, décortiquez les gambas avant de les cuire. Vous pouvez aussi les faire mariner dans de l'huile d'olive, de l'ail et du citron.

N'hésitez pas à varier les légumes selon vos goûts : courgettes, aubergines ou encore carottes nouvelles. Vous pouvez également remplacer les nouilles chinoises par du riz ou du boulgour, par exemple.

Légumes mixtes aux cacahuètes et nouilles sautées

PRÉPARATION : 10 MIN

CUISSON : 25 MIN

POUR 4 PERSONNES

> 2 courgettes
> 250 g de mini-poivrons
> 100 g de petits pois écossés
> 200 g de pois gourmands
> 1 oignon
> 2 cuill. à soupe d'huile d'olive
> 150 g de nouilles chinoises
> 2 cuill. à soupe de sauce soja
> 2 cuill. à café de paprika
> 40 g de cacahuètes non salées
> sel et poivre

Lavez les courgettes et les mini-poivrons. Coupez les courgettes en rondelles. Épépinez les mini-poivrons, coupez-les en quartiers.

Faites chauffer une grande casserole d'eau salée, puis faites cuire les petits pois et les pois gourmands pendant 10 minutes environ. Égouttez-les et passez-les sous l'eau froide.

Émincez finement l'oignon, puis faites-le revenir dans une sauteuse avec l'huile d'olive. Ajoutez les rondelles de courgettes et les quartiers de poivrons, puis faites cuire 10 minutes à feu doux.

Chauffez une seconde casserole d'eau, puis faites cuire les nouilles chinoises pendant 3 minutes. Égouttez-les.

Mettez les petits pois et les pois gourmands dans la sauteuse, avec l'oignon, les courgettes et les poivrons. Poursuivez la cuisson pendant 5 minutes. Versez la sauce soja, saupoudrez de paprika et parsemez de cacahuètes. Salez, poivrez, ajoutez les nouilles. Faites revenir encore 5 minutes et rectifiez l'assaisonnement. Servez bien chaud.

La brousse est un fromage de brebis frais et léger. En Corse, suivant la saison, vous trouverez du brocciu, cousin de la brousse. L'association de la brousse et de la menthe est toujours réussie, la menthe apportant un petit côté rafraîchissant.

Tarte à la brousse et à la menthe

PRÉPARATION : 10 MIN

CUISSON : 45 MIN

POUR 4 PERSONNES

> 1 pâte brisée prête à l'emploi
> 250 g de brousse de brebis
> 15 cl de crème liquide
> 3 œufs
> 1 bouquet de menthe fraîche
> sel et poivre

Préchauffez le four à 180 °C (therm. 6).

Garnissez un moule à tarte avec la pâte brisée et piquez le fond de tarte.

Mettez la brousse dans un saladier et fouettez-la avec la crème. Ajoutez les œufs et fouettez à nouveau. Lavez et ciselez la menthe. Salez, poivrez et ajoutez la menthe.

Versez cette préparation sur le fond de tarte, puis enfournez et laissez cuire pendant 45 minutes environ, jusqu'à ce que la pâte soit bien cuite.

Servez cette tarte tiède ou froide.

Ces petites galettes, épicées et acidulées, se mangent aussi bien chaudes que froides. Elles seront tout aussi délicieuses si vous les préparez à l'avance et les faites poêler au dernier moment, juste avant de les déguster.

Galettes de maïs aux oignons verts et salade d'herbes au lard grillé

PRÉPARATION : 10 MIN
CUISSON : 10 MIN

POUR 4 PERSONNES

Pour les galettes
> 450 g de maïs en conserve
> 100 g de farine
> 3 œufs
> 12,5 cl de lait de coco
> 30 g de pâte de curry verte
> 6 oignons
> 1 pincée de gingembre
> 20 g de coriandre
> 2 cuill. à soupe d'huile d'olive
> sel et poivre

Pour la salade
> 75 g de pousses d'épinards
> 1/2 bouquet de cerfeuil
> 1/2 bouquet de persil plat
> 3 cuill. à soupe d'huile d'olive
> 8 fines tranches de lard fumé
> sel et poivre

Préparez les galettes. Égouttez le maïs. Dans le bol d'un robot, placez la farine, les œufs, le lait de coco, le maïs, la pâte de curry et mixez jusqu'à l'obtention d'une pâte épaisse.

Pelez et hachez les oignons, puis ajoutez-les à la pâte de maïs. Ajoutez le gingembre, la coriandre, salez, poivrez et mélangez bien le tout.

Faites chauffer l'huile d'olive dans une poêle, puis mettez 1 cuillerée à soupe de pâte dans la poêle. Aplatissez ensuite la galette avec le dos de la cuillère, puis laissez cuire 3 minutes environ. Retournez la galette et laissez cuire encore 3 minutes. Renouvelez l'opération jusqu'à épuisement de la pâte, puis déposez les galettes sur du papier absorbant.

Préparez la salade : lavez les pousses d'épinards, le cerfeuil et le persil, égouttez-les, puis placez-les dans un saladier. Ajoutez l'huile d'olive, salez, poivrez. Dans une poêle anti-adhésive, faites dorer les tranches de lard, puis ajoutez-les à la salade.

Servez les galettes bien chaudes avec la salade d'herbes au lard grillé.

La magie des plats mijotés ! Une fois tous les ingrédients réunis, laissez simplement le tajine mijoter à feu doux, rien de plus...

Tajine de poulet aux pêches

PRÉPARATION : 10 MIN

CUISSON : 1 H 15

POUR 4 PERSONNES

> 2 oignons
> 2 cuill. à soupe d'huile d'olive
> 4 cuisses de poulet
> 2 cuill. à soupe de miel
> 6 oreillons de pêches au sirop
> 1 cuill. à soupe de graines de coriandre
> 1 cuill. à soupe rase de cumin en poudre
> 25 g d'amandes effilées
> quelques feuilles de coriandre

Pelez les oignons et émincez-les.

Dans une cocotte, faites chauffer doucement l'huile d'olive et faites revenir les cuisses de poulet pendant 5 minutes en les retournant fréquemment.

Retirez les morceaux de poulet, puis ajoutez les oignons émincés et faites-les revenir rapidement. Ajoutez le miel, puis replacez les cuisses de poulet dans la cocotte. Ajoutez alors les graines de coriandre et le cumin, versez un fond d'eau dans la cocotte, couvrez et laissez mijoter pendant 1 heure à feu doux.

À la fin de la cuisson, ajoutez les pêches détaillées en morceaux et poursuivez la cuisson pendant 10 minutes.

Au moment de servir, parsemez d'amandes effilées et de feuilles de coriandre.

Accompagnement. Proposez une assiette de semoule de couscous.

Variante. Ajoutez des légumes de votre choix, des petites pommes de terre ou des carottes, par exemple.

Le tataki est un mode de cuisson japonais. Il se caractérise par une marinade, souvent au gingembre, puis une cuisson très rapide sur un feu relativement fort afin d'avoir une croûte bien cuite mais l'intérieur, de la viande ou du poisson, encore cru. Ce mode de cuisson s'applique également au thon ou à d'autres viandes, le veau par exemple.

Tataki de bœuf et poêlée de champignons à la sauce soja

PRÉPARATION : 10 MIN

MARINADE : 6 H

CUISSON : 10 À 15 MIN

POUR 4 PERSONNES

Pour la marinade

> 1 citron
> 1 gousse d'ail
> 1 racine de gingembre frais de 2 cm
> 25 g de sel
> 40 g de cassonade
> 1 étoile de badiane
> 35 cl de sauce soja
> 600 g de filet de bœuf
> 2 cuill. à soupe d'huile d'olive

Pour la poêlée

> 400 g de champignons de Paris
> 2 cuill. à soupe d'huile d'olive
> 2 cuill. à soupe de sauce soja
> sel et poivre

Préparez la marinade : prélevez le zeste du citron et pressez le fruit. Pelez l'ail et pressez-le, pelez et râpez le gingembre. Dans un plat creux, mélangez le jus et le zeste de citron, le sel, la cassonade, le gingembre râpé, l'ail écrasé, la badiane et la sauce soja. Découpez le filet de bœuf en deux dans le sens de la longueur et déposez-le dans le plat. Placez au frais 6 heures en retournant régulièrement les morceaux de viande.

Préparez la poêlée : pelez les champignons et coupez-les en fines tranches. Faites-les revenir dans une sauteuse avec l'huile d'olive. Lorsqu'ils commencent à cuire, salez, poivrez, ajoutez la sauce soja et laissez cuire encore quelques minutes, à feu doux.

Pendant ce temps, égouttez la viande, rincez-la et faites chauffer 2 cuillerées à soupe d'huile dans une poêle. Faites cuire la viande 4 minutes de chaque côté, puis laissez reposer 5 minutes.

Réchauffez les champignons à la dernière minute. Découpez des tranches de viande de 1,5 cm et servez avec la poêlée de champignons.

Cette façon de cuire le carré d'agneau permet de le caraméliser rapidement. Si vous ne l'aimez pas rosé, vous pouvez bien sûr faire cuire la viande plus longtemps.

Carré d'agneau au miel et purée de patates douces au curry

PRÉPARATION : 10 MIN

CUISSON : 20 MIN

POUR 4 PERSONNES

> 700 g de patates douces
> 1 carré d'agneau de 8 à 12 côtes
> 2 cuill. à soupe d'huile d'olive
> quelques branches de thym
> 3 cuill. à soupe de miel liquide
> 1 cuill. à soupe de crème fraîche épaisse
> 1 cuill. à soupe de curry en poudre
> 15 g de beurre
> sel et poivre

Préchauffez le four à 220 °C (therm. 7-8).

Pelez grossièrement les patates douces, détaillez-les en cubes et plongez ceux-ci dans une casserole d'eau bouillante salée pour 15 minutes environ.

Déposez le carré d'agneau dans un plat allant au four. Arrosez-le avec l'huile d'olive, salez, poivrez puis parsemez de thym. Enfournez le carré ainsi préparé pour 10 minutes.

Sortez le carré du four, badigeonnez-le avec le miel puis poursuivez la cuisson 10 minutes.

Pendant ce temps, égouttez les rondelles de patates douces, placez-les dans le bol d'un mixeur avec la crème fraîche et le curry. Salez, poivrez et mixez à pleine vitesse jusqu'à obtention d'une purée bien lisse.

Lorsque le carré est cuit, laissez-le reposer 5 minutes avant de le découper, puis servez avec la purée bien chaude, en rectifiant l'assaisonnement au besoin.

Variante. Vous pouvez également, si vous avez du temps, ajouter des légumes à la purée : carottes, pommes de terre ou encore panais.

Voici un délicieux plat familial très rapide à réaliser. Pour une croûte plus croustillante, ajoutez des graines de lin ou des flocons d'avoine.

Filet mignon en croûte de moutarde et tomates cerises confites

PRÉPARATION : 10 MIN

CUISSON : 45 MIN

POUR 4 PERSONNES

> 2 cuill. à soupe de chapelure
> 3 cuill. à soupe de moutarde à l'ancienne
> 1 filet mignon de 600 g
> 1 cuill. à soupe de fond de veau
> 3 gousses d'ail
> 250 g de tomates cerises en grappe
> 3 cuill. à soupe d'huile d'olive
> sel et poivre

Préchauffez le four à 180 °C (therm. 6).

Dans un bol, mélangez la chapelure avec la moutarde, puis badigeonnez le filet mignon avec cette préparation sur toutes les faces. Placez le filet dans un plat creux. Délayez le fond de veau dans 20 cl d'eau, puis versez dans le plat.

Pelez les gousses d'ail, puis coupez-les en deux, enlevez le germe et placez-les dans le fond du plat. Couvrez le plat d'une feuille d'aluminium puis enfournez pour 30 minutes. Retirez ensuite l'aluminium, arrosez le filet mignon avec le jus de cuisson et poursuivez la cuisson pendant 15 minutes.

Lavez les tomates cerises, épongez-les, placez-les dans un plat creux et arrosez-les avec l'huile d'olive. Enfournez pour 15 minutes.

Détaillez le filet mignon en tranches et servez celles-ci avec les tomates cerises. Arrosez de jus de cuisson et dégustez bien chaud.

Ce plat tendre et acidulé est parfait pour les repas d'été. Remplacez à votre guise la daurade par du bar, du saumon, ou encore par un mélange de plusieurs sortes de poissons.

Salade de daurade marinée aux agrumes et baies roses

PRÉPARATION : 10 MIN

MARINADE : 1 H

POUR 4 PERSONNES

> 4 filets de daurade
> 4 citrons
> 4 cuill. à soupe d'huile d'olive
> 2 pamplemousses
> 2 oranges
> 100 g de roquette
> 1 cuill. à soupe de baies roses
> sel et poivre

Faites retirer la peau des filets de daurade par votre poissonnier.

Détaillez les filets en petites tranches et déposez-les dans un plat creux. Pressez le jus de 2 citrons, versez sur le poisson. Ajoutez l'huile d'olive, salez, poivrez, couvrez de film alimentaire. Placez au frais pour 1 heure au moins. Lorsque le poisson a mariné, prélevez les suprêmes des agrumes (quartiers des oranges et des pamplemousses pelés à vif).

Dans un grand saladier, mélangez la daurade avec sa marinade, les suprêmes d'agrumes, les feuilles de roquette. Salez, poivrez, parsemez de baies roses et servez bien frais.

Conseil. Les suprêmes d'agrumes peuvent être achetés tout prêts, surgelés : choisissez cette solution pour gagner du temps.

Variante. Ajoutez quelques légumes croquants : carottes crues, petits pois ou fèves.

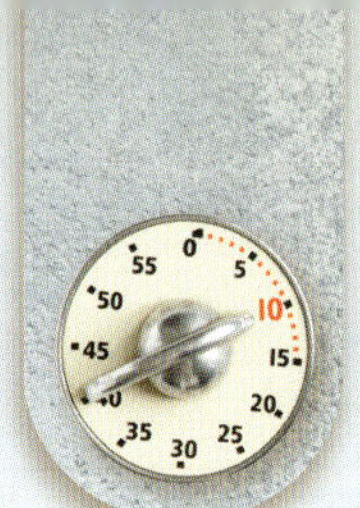

Les papillotes, très simples à réaliser, sont aussi une façon rusée de faire déguster du poisson à des enfants un peu trop difficiles ! Ludiques et délicieuses, elles seront appréciées à coup sûr !

Papillotes de colin au poivre vert et jeunes légumes

PRÉPARATION : 10 MIN

CUISSON : 15 MIN

POUR 4 PERSONNES

> 3 carottes
> 3 poireaux
> 1 oignon rouge
> 3 cuill. à soupe d'huile d'olive
> 4 filets de colin
> 1 cuill. à soupe de poivre vert
> sel et poivre

Préchauffez le four à 180 °C (therm.6).

Pelez les carottes et les poireaux et détaillez-les en petites rondelles. Pelez l'oignon rouge et émincez-le. Faites chauffer 1 cuillerée à soupe d'huile d'olive dans une poêle et faites revenir rapidement l'oignon émincé.

Faites bouillir une grande casserole d'eau salée, blanchissez les poireaux et les carottes pendant 5 minutes. Égouttez-les.

Découpez 4 morceaux de papier sulfurisé. Répartissez les poireaux et les carottes au centre. Répartissez ensuite l'oignon, puis déposez sur chaque portion de légumes un filet de poisson. Parsemez de poivre vert. Arrosez avec le reste d'huile d'olive, salez et poivrez. Fermez les papillotes et enfournez pour 15 minutes environ.

Servez les papillotes bien chaudes avec un riz blanc.

Les noix de saint-jacques ne demandent pas trop de cuisson afin de rester fondantes : contentez-vous donc d'un bref aller-retour dans la poêle bien chaude.

Brochettes de saint-jacques à l'orange et tagliatelles de courgettes à la vanille

PRÉPARATION : 10 MIN

CUISSON : 10 MIN

POUR 4 PERSONNES

> 3 courgettes
> 12 noix de saint-jacques sans corail
> 1 cuill. à soupe d'huile d'olive
> 1 orange
> sel et poivre du moulin

Pour la vinaigrette à la vanille

> 1 gousse de vanille
> 4 cuill. à soupe d'huile d'olive
> sel et poivre

Lavez les courgettes puis, à l'aide d'un épluche-légumes, réalisez les tagliatelles de courgettes en les découpant dans la longueur.

Préparez la vinaigrette à la vanille : à l'aide d'un petit couteau, coupez la gousse de vanille en deux dans le sens de la longueur puis grattez l'intérieur afin de récupérer les graines. Mélangez-les dans un bol avec l'huile d'olive, salez et poivrez.

Prélevez le zeste de l'orange et pressez le fruit.

Confectionnez les brochettes de saint-jacques. Chauffez 1 cuillerée d'huile dans une poêle et placez les brochettes. Versez le jus d'orange et les zestes, faites dorer les noix sur toutes les faces.

Assaisonnez les tagliatelles de courgettes avec la vinaigrette à la vanille, puis servez les brochettes bien chaudes avec le jus à l'orange, accompagnées de cette salade.

Conseil. Vous trouverez des noix de saint-jacques, tendres et goûteuses, du mois de novembre au mois de mars.

Un parfum doux et exotique s'échappe de cette tarte facile et rapide à réaliser. Si vous aimez le goût épicé, ajoutez quelques graines de fenouil.

Tarte épinards-lait de coco

PRÉPARATION : 15 MIN

CUISSON : 45 MIN

POUR 4 PERSONNES

> 150 g d'épinards frais
> 1 oignon
> 20 g de beurre
> 1 pâte brisée prête à l'emploi
> 1/2 bouquet de coriandre
> 20 cl de lait de coco
> 10 cl de crème liquide
> 3 œufs
> sel et poivre

Préchauffez le four à 180 °C (therm. 6).

Lavez les épinards, épongez-les et ciselez-les. Épluchez l'oignon et émincez-le. Dans une poêle, faites fondre le beurre puis faites revenir les oignons ; ajoutez les épinards, laissez cuire 1 minute et réservez.

Garnissez un moule à tarte avec la pâte brisée puis piquez le fond de tarte. Lavez la coriandre, ciselez-la et ajoutez-la aux épinards.

Dans un saladier, mélangez le lait de coco avec la crème liquide et fouettez avec les œufs. Salez, poivrez, puis ajoutez la préparation aux épinards. Mélangez à nouveau puis versez sur le fond de tarte. Enfournez pour 45 minutes jusqu'à ce que la pâte soit bien cuite

Accompagnement. Servez la tarte tiède ou froide, accompagnée d'une salade de mesclun.

Variante. Parsemez la tarte cuite d'amandes effilées, tout juste grillées.

Souvent délaissé, le lapin est pourtant une viande savoureuse et tendre, mais aussi simple à cuisiner. Associées au goût suave des figues, ces brochettes seront un succès autour de votre table !

Brochettes de lapin aux figues et salade de radis roses

PRÉPARATION : 15 MIN

CUISSON : 10 MIN

POUR 4 PERSONNES

> 400 g de filet de lapin
> 4 figues bien mûres
> 1 botte de radis
> 50 g de pousses d'épinards
> 4 cuill. à soupe d'huile d'olive
> quelques branches de thym frais
> sel et poivre

Détaillez le filet de lapin en cubes. Coupez les figues en quatre, puis confectionnez les brochettes en alternant lapin et figues.

Lavez les radis et coupez-les en fines rondelles en retirant les fanes. Placez-les dans un saladier avec les pousses d'épinards, assaisonnez avec 2 cuillerées à soupe d'huile d'olive ; salez, poivrez et mélangez bien.

Faites chauffer une poêle anti-adhésive avec le reste d'huile d'olive. Salez, poivrez et parsemez de thym les brochettes, puis placez-les dans la poêle chaude. Faites-les dorer 3 minutes sur toutes les faces jusqu'à ce que la viande soit bien dorée.

Servez ces brochettes avec la salade de radis roses.

Pour les amateurs de sucré-salé, ajoutez une cuillerée à soupe de miel dans votre poêlée : le petit goût sucré se mariera à merveille avec la salade de fèves.

Aiguillettes de canard et salade de fèves à la coriandre

PRÉPARATION : 15 MIN
CUISSON : 15 MIN

POUR 4 PERSONNES

> 1 oignon rouge
> 1 petit bouquet de coriandre fraîche
> 500 g de fèves écossées
> 3 cuill. à soupe d'huile d'olive
> 1 cuill. à soupe d'huile de noisette
> 600 g d'aiguillettes de canard
> sel et poivre

Pelez l'oignon rouge et détaillez-le en fines rondelles. Lavez la coriandre et ciselez-la finement.

Faites bouillir une grande casserole d'eau salée et faites cuire les fèves pendant 10 minutes après la reprise de l'ébullition. Égouttez-les, passez-les sous l'eau froide pour les refroidir et pelez-les. Placez-les dans un saladier et assaisonnez-les avec 2 cuillerées à soupe d'huile d'olive et l'huile de noisette. Salez et poivrez, puis parsemez de coriandre ciselée et de rondelles d'oignon rouge.

Salez et poivrez les aiguillettes de canard. Dans une poêle, chauffez doucement le reste d'huile d'olive et poêlez les aiguillettes de canard sur toutes les faces pendant 5 minutes, ou plus selon votre goût.

Servez les aiguillettes bien chaudes avec la salade de fèves, en rectifiant l'assaisonnement au besoin.

Le biryani est un plat indien à base de riz et d'épices ; il peut être également au bœuf ou encore végétarien. Servez-le avec de la raïta, une salade indienne de concombre au yaourt.

Biryani de poulet aux noix de cajou

PRÉPARATION : 15 MIN

MARINADE : 3 H

CUISSON : 20 MIN

POUR 4 PERSONNES

- > 4 escalopes de poulet
- > 1 yaourt nature
- > 2 cuill. à café de garam massala
- > 2 oignons
- > 2 cm de gingembre frais
- > 2 gousses d'ail
- > feuilles de menthe et de coriandre
- > 1 verre de lait froid (5 cl)
- > quelques pistils de safran
- > 2 cuill. à soupe d'huile d'olive
- > épices : 1 cuill. à café de cumin en graines, 1 cuill. à café de paprika, 1 cuill. à café de curcuma, 1 bâton de cannelle, 4 clous de girofle
- > 4 cardamomes vertes
- > 200 g de tomates concassées
- > 400 g de riz basmati cuit
- > 30 g de pistaches vertes concassées
- > sel et poivre

Coupez le poulet en cubes et placez-le dans un plat creux avec le yaourt et le garam massala. Couvrez de film alimentaire et laissez mariner au réfrigérateur pendant 3 heure au moins.

Pelez les oignons et émincez-les. Pelez le gingembre et l'ail puis émincez-les très finement. Lavez quelques feuilles de menthe et de coriandre ; ciselez-les. Mélangez le verre de lait avec le safran et réservez.

Dans une sauteuse, faites chauffer l'huile d'olive puis ajoutez-les épices (cumin, paprika, curcuma, cannelle, girofle). Ajoutez ensuite les oignons, le gingembre, les cardamomes et l'ail. Faites revenir à feu doux pendant 2 minutes, en remuant très souvent. Versez les tomates concassées, laissez cuire encore quelques minutes puis mettez le poulet avec sa marinade. Ajoutez 10 cl d'eau, salez, poivrez et laissez cuire environ 10 minutes.

Déposez sur le dessus de la préparation le riz cuit, les feuilles de menthe et de coriandre et ajoutez le lait au safran. Laissez mijoter 5 minutes de plus, mélangez enfin le tout.

Parsemez de pistaches concassées et servez bien chaud.

Ah ! le plaisir du plat mijoté qui se fait presque tout seul ! Une cuisson longue est indispensable à la lente caramélisation des souris d'agneau, mais vous ne serez pas déçu !

Souris d'agneau caramélisées au miel et au romarin

PRÉPARATION : 15 MIN

CUISSON : 2 H 15

POUR 4 PERSONNES

> 1 oignon
> 3 gousses d'ail
> 5 cuill. à soupe d'huile d'olive
> 4 souris d'agneau
> 60 g de beurre
> quelques branches de romarin
> 3 cuill. à soupe de miel liquide
> 1 kg de rattes du Touquet
> 8 petites échalotes
> 10 cl de vinaigre de cidre
> sel et poivre

Préchauffez le four à 150 °C (therm. 5).

Épluchez l'oignon, puis émincez-le. Épluchez les gousses d'ail. Dans une grande cocotte, faites chauffer 3 cuillerées à soupe d'huile d'olive, puis faites revenir les souris d'agneau sur toutes les faces. Sortez-les de la cocotte et jetez l'huile.

Faites fondre 40 g de beurre dans la cocotte, puis faites blondir doucement l'oignon émincé. Replacez les souris d'agneau dans la cocotte, salez, poivrez, ajoutez les gousses d'ail, du romarin et le miel. Versez 15 cl d'eau, puis couvrez et enfournez pour 1 heure 30.

Lavez les rattes, placez-les entières avec leur peau dans un plat. Répartissez le reste de beurre en morceaux, versez le reste d'huile d'olive, salez, poivrez, parsemez de romarin et enfournez 30 minutes.

Épluchez les échalotes, mettez-les dans la cocotte avec le vinaigre de cidre et 10 cl d'eau. Enfournez de nouveau pour 30 minutes.

Servez les souris d'agneau caramélisées bien chaudes, avec les rattes grillées.

Variante. Vous pouvez également cuisiner les pommes de terre à l'eau ; écrasez-les simplement avec un filet d'huile d'olive et un peu de fleur de sel au moment de servir.

Ne soyez pas réticent à manger de la viande crue, car bien préparée et assaisonnée, c'est un véritable régal !

Tartare de veau à l'huile de noisette et concombre façon carpaccio

PRÉPARATION : 15 MIN
MARINADE : 1 H

POUR 4 PERSONNES

> 400 g de filet de veau
> le jus de 1 citron vert
> 4 cuill. à soupe d'huile d'olive
> 2 cuill. à soupe d'huile de noisette
> 1 concombre
> 40 g de noisettes concassées
> quelques feuilles de cerfeuil
> sel et poivre

Détaillez le filet de veau en très petits cubes. Placez-les dans un saladier avec le jus de citron vert, 2 cuillerées à soupe d'huile d'olive et l'huile de noisette. Salez, poivrez, puis placez au frais pour 1 heure au moins.

Lavez le concombre et, à l'aide d'une mandoline, détaillez-le en très fines tranches.

Dans les assiettes, disposez les tranches de concombre en rosace, comme pour un carpaccio. Assaisonnez avec le reste d'huile d'olive, salez et poivrez.

Lorsque le tartare de veau a mariné, ajoutez les noisettes concassées, rectifiez l'assaisonnement et servez bien frais avec le carpaccio de concombre parsemé de quelques feuilles de cerfeuil.

Variante. Pour les amateurs de poisson, préparez la même recette en remplaçant le veau par du bar, par exemple.

Ces poissons à la couleur vive ont une chair très fine et très fragile, soyez donc délicat au moment de les servir afin qu'ils ne s'abîment pas.

Rougets grillés et artichauts poivrades

PRÉPARATION : 15 MIN

CUISSON : 20 MIN

POUR 4 PERSONNES

> 4 rougets-barbets
> 4 cuill. à soupe d'huile d'olive
> 2 bottes d'artichauts poivrades
> quelques branches de thym citron
> 1/2 cuill. à café de piment d'Espelette
> 1/2 citron
> sel et poivre du moulin

Préchauffez le four à 180 °C (therm. 6).

Faites vider et écailler les rougets par votre poissonnier.

Disposez les rougets dans un très grand plat et arrosez-les avec l'huile d'olive. Salez, poivrez, parsemez de thym citron et enfournez-les dans le four chaud pour 15 minutes environ.

Préparez les artichauts : retirez les feuilles les plus épaisses et coupez le pied à 3 cm du cœur. Coupez enfin au ras du cœur puis tournez les artichauts avec un petit couteau afin de les égaliser. Coupez-les en deux et frottez-les avec le demi-citron.

Faites chauffer 1 cuillerée à soupe d'huile d'olive dans une sauteuse et faites revenir les cœurs d'artichauts. Salez, poivrez, et parsemez de piment d'Espelette. Lorsqu'ils commencent à dorer, ajoutez un fond d'eau, couvrez et poursuivez la cuisson 10 à 15 minutes, jusqu'à ce qu'ils soient cuits mais encore fermes.

Servez les artichauts poivrades avec les rougets-barbets bien cuits et bien chauds.

Variante. Vous pouvez tout à fait servir ce plat froid, accompagné d'une bonne vinaigrette.

Crevettes marinées et poireaux tièdes

PRÉPARATION : 15 MIN

MARINADE : 1 H

CUISSON : 15 MIN

POUR 4 PERSONNES

> 2 douzaines de queues de grosses crevettes crues
> 2 cm de gingembre frais
> le jus de 1 citron vert
> 5 cuill. à soupe d'huile d'olive
> 4 petits poireaux
> 1 échalote
> 1 cuill. à soupe de moutarde à l'ancienne
> sel et poivre

Placez les crevettes dans un plat.
Pelez le gingembre et détaillez-le en très fines rondelles. Versez le jus de citron, 3 cuillerées à soupe d'huile d'olive et le gingembre sur les crevettes. Salez, poivrez, couvrez de film alimentaire.
Placez au frais 1 heure.

Pelez les poireaux et coupez-les en fines rondelles. Chauffez une casserole d'eau salée, plongez-y les poireaux 10 minutes.

Pelez l'échalote et ciselez-la finement. Dans un petit bol, mélangez le reste d'huile avec la moutarde et l'échalote, salez et poivrez. Chauffez une sauteuse et jetez-y les crevettes avec leur marinade. Laissez-les cuire 5 à 10 minutes en remuant. Égouttez les poireaux (cuits, mais encore bien verts et fermes). Assaisonnez-les avec la vinaigrette et servez avec les crevettes.

Saumon pané au sésame noir et émincé de radis noir

PRÉPARATION : 15 MIN

CUISSON : 15 MIN

POUR 4 PERSONNES

> 600 g de pavé de saumon
> 4 cuill. à soupe d'huile d'olive
> 40 g de sésame noir
> 400 g de radis noir
> le jus de 1 citron
> 1 cuill. à soupe d'huile de sésame
> sel et poivre

Détaillez le saumon en gros cubes. Badigeonnez-les rapidement de 2 cuillerées à soupe d'huile d'olive, à l'aide d'un pinceau et roulez les cubes dans le sésame noir. Salez et poivrez.

Lavez le radis noir et émincez-le très finement. Placez-le dans un saladier avec le jus de citron, l'huile de sésame, et 2 cuillerées à soupe d'huile d'olive. Salez et poivrez ; réservez.

Dans une poêle anti-adhésive, faites chauffer le reste d'huile et poêlez les cubes de saumon au sésame 5 minutes sur toutes les faces (adaptez le temps de cuisson à votre goût).

Servez les cubes de saumon bien chauds, avec la salade de radis noirs. Rectifiez l'assaisonnement au besoin.

Ces petits pâtes en forme d'oreille, ce qui leur a valu leur nom, sont fermes mais surtout délicieuses à souhait.

Poêlée d'orrechiette aux encornets et aux olives

PRÉPARATION : 15 MIN
CUISSON : 30 MIN

POUR 4 PERSONNES
> 400 g de blancs d'encornet
> 2 tomates
> 400 g d'orrechiette
> 3 cuill. à soupe d'huile d'olive
> quelques tiges de thym frais
> 2 cuill. à soupe de câpres
> 100 g d'olives violettes
> 2 tomates
> 50 g de tomates confites
> sel et poivre

Coupez les encornets en cubes. Lavez les tomates, détaillez-les en quartiers.

Dans une cocotte, faites chauffer l'huile d'olive, ajoutez les tomates, les cubes d'encornet, le thym. Salez et poivrez, puis ajoutez 5 cl d'eau, couvrez et laissez cuire pendant 20 minutes à feu doux.

Pendant ce temps, faites chauffer une grande casserole d'eau salée et faites-y cuire les orrechiettes pendant 8 minutes environ.

À la fin de la cuisson des encornets, ajoutez les câpres, les olives, les tomates confites et poursuivez la cuisson à couvert pendant 5 minutes.

Égouttez les orrechiette et ajoutez-les aux encornets. Mélangez bien le tout et servez bien chaud.

Variante. Ajoutez, selon vos envies, divers ingrédients à cette recette afin de la compléter : des billes de mozzarella, des copeaux de parmesan ou encore des fines tranches de coppa.

TABLE DES ÉQUIVALENCES FRANCE-CANADA

POIDS

55 g	2 onces	200 g	7 onces	500 g	17 onces
100 g	3 onces	250 g	9 onces	750 g	26 onces
150 g	5 onces	300 g	10 onces	1 kg	35 onces

Ces équivalences permettent de calculer le poids à quelques grammes près (en réalité, 1 once = 28 g).

CAPACITÉS

25 cl	1 tasse	75 cl	3 tasses
50 cl	2 tasses	1 l	4 tasses

Pour faciliter la mesure des capacités, une tasse équivaut ici à 25 cl (en réalité, 1 tasse = 8 onces = 23 cl).

Textes et recettes Bérengère Abraham
Photographies Fabrice Besse

Direction éditoriale Delphine Blétry
Édition Mathilde Piton et Marion Pipart
Direction artistique Emmanuel Chaspoul
Mise en page Sylvie Sénéchal
Lecture-correction Joëlle Narjollet
Couverture Véronique Laporte
Fabrication Annie Botrel

ISBN 978-2-03-585110-9

Photogravure Turquoise, Émerainville
Imprimé en Espagne par Graficas Estella, Estella
Dépôt légal : septembre 2010 – 304068/01 – 11010166 août 2010